Geschichten auf Spanisch
Niveau C1-C2 - Buch 1
- MIT AUDIO -

Für Spanischlerner entwickelt

Lade deine Audio-Dateien herunter:

Schritt 1: Gehe auf Esidioma.com/extras

Schritt 2: Trage den folgenden Code ein:

AF874344

ADPxn

Bei Fragen wende dich gern an: info@Esidioma.com

Esidioma

esidioma.com

Índice

Esidioma
esidioma.com

Lerne mit uns Spanisch!
Wir haben alles, was du zur Verbesserung deiner Sprachkenntnisse brauchst

Texte: José Antonio Santiago
Gestaltung: Esidioma Team
Bilder: pexels.com
ISBN - 978-84-16971-97-8
Pflichtexemplarnummer - AS 02234-2024

Texto 1 Modismos y frases hechas

achaques de la edad: Altersbeschwerden

traer a alguien por la calle de la amargura: jemanden durch die Hölle schicken

horas intempestivas: unmögliche Uhrzeiten, sehr spät / früh

forjar una amistad: eine Freundschaft aufbauen

a prueba de bombas: zuverlässig, unzertrennlich

estar entrado en años: in die Jahre gekommen sein

estar entrado en carnes: übergewichtig sein

hincar el diente: einen Bissen von etwas nehmen

ser testigo mudo: stummer Zeuge sein

cada dos por tres: alle naselang, sehr häufig

las tantas de la noche / de la mañana: mitten in der Nacht / am frühen Morgen

estoy que no me tengo: ich bin am Ende

de esta no salgo: ich glaube, ich werde das nicht überleben

ponerse en lo peor: das Schlimmste befürchten

ante esta tesitura: angesichts der Lage

te tengo dicho: ich habe dir das schon oft gesagt

tener medio pie en la tumba: mit einem Fuß im Grab stehen

irse al otro barrio: den Löffel abgeben, sterben

como alma que lleva el diablo: wie ein Besessener

en menos que canta un gallo: im Handumdrehen

no mediar ni media palabra: kein Wort verlieren

ser presa del pánico: in Panik geraten

abrir de par en par: weit aufmachen

encomendarse a un santo/dios: zu einem Heiligen/Gott beten

todos los ... habidos y por haber: alle denkbaren Varianten

estar fresco como una lechuga: sich wie ein junger Gott fühlen

ni corto ni perezoso: nicht lange fackeln

sin rechistar: ohne zu murren

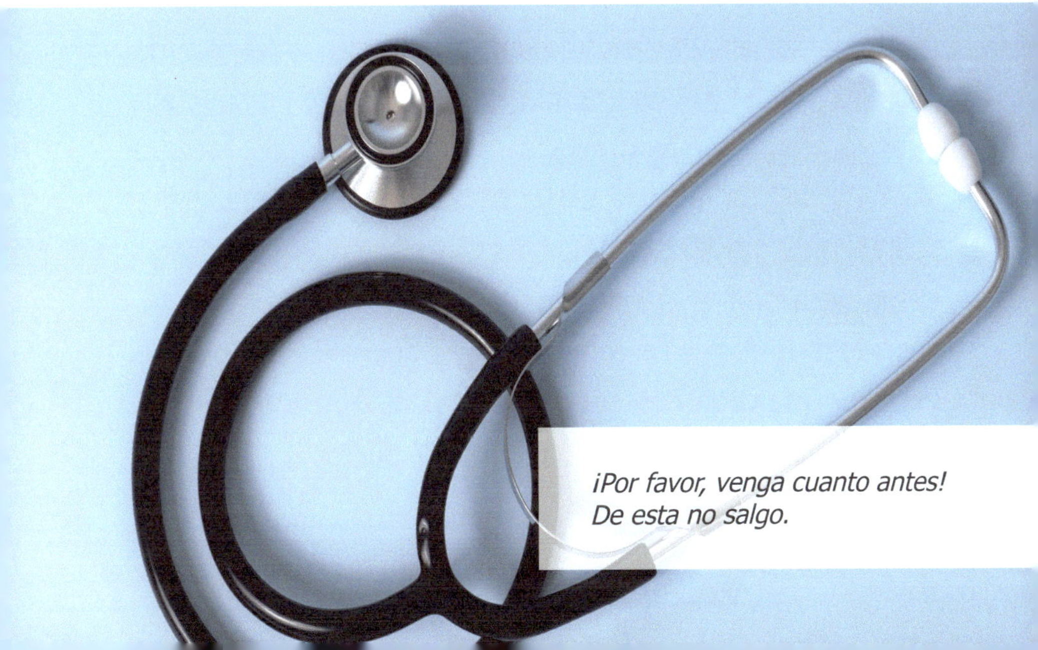

El amigo del doctor

Audio 1

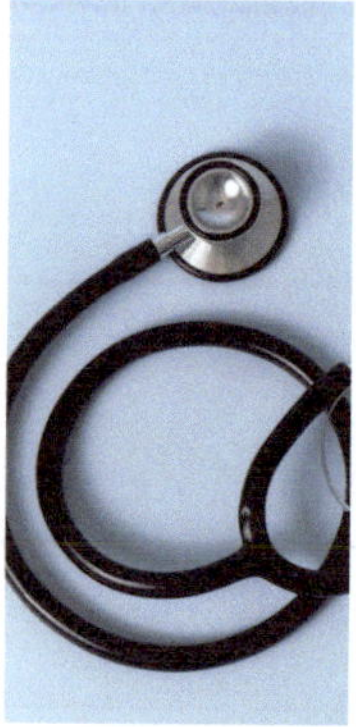

Permítanme compartir con ustedes un escueto episodio de la vida de un acaudalado escritor. A este hombre, a quien llamaré Bernardo, los achaques de la edad lo traían por la calle de la amargura. Es por ello que solía recurrir a los servicios del médico más eminente de la ciudad. Tras múltiples visitas médicas, por las razones más variopintas y, en ocasiones, a horas intempestivas, el autor y el doctor acabaron forjando una amistad a prueba de bombas.

Bernardo estaba entrado en años, porque el tiempo pasa por todos, y él no era una excepción. Pero he aquí que nuestro amigo también estaba entrado en carnes, ya que era muy dado a hincarle el diente a todo tipo de comida y, cuanto más grasienta, mejor. Su oronda panza era testigo mudo de ello. Y si a todo esto le sumamos que practicaba deporte muy de vez en cuando, por no decir nunca, no es de extrañar que cada dos por tres estuviera echando mano al teléfono para pedir ayuda a su amigo el doctor.

Der Freund des Arztes

Erlauben Sie mir, Ihnen eine kurze Episode aus dem Leben eines wohlhabenden Schriftstellers zu erzählen. Dieser Mann, den ich Bernardo nennen werde, hatte mit Altersbeschwerden zu kämpfen. Deshalb wandte er sich oft an den angesehensten Arzt der Stadt. Nach zahlreichen, teils zu Unzeiten stattfindenden Hausbesuchen aus den unterschiedlichsten Gründen entwickelte sich eine unzertrennliche Freundschaft zwischen dem Autor und dem Arzt.

Bernardo war in die Jahre gekommen, denn die Zeit hinterlässt an jedem ihre Spuren, und er war keine Ausnahme. Aber unser Freund hatte nicht nur Jahre auf dem Buckel, sondern auch so einige Pfunde zugelegt, da er zu gerne jede Art von Speisen verschlang, je fettiger, desto besser. Sein dicker Bauch war ein stummer Zeuge davon. Und wenn man bedenkt, dass er nur sehr gelegentlich Sport trieb, um nicht zu sagen nie, ist es nicht verwunderlich, dass er alle naselang zum Telefon griff, um seinen Freund, den Arzt, um Hilfe zu bitten.

Así fue como en una ocasión, a las tantas de la noche, el teléfono sonó en casa del médico:

—Doctor, siento un dolor punzante en el pecho. Estoy que no me tengo. Me falta el aire. ¡Por favor, venga cuanto antes! De esta no salgo.

—Bernardo, no se inquiete. Me tendrá ahí en un santiamén.

Ante esta tesitura, el doctor se puso en lo peor. "Estaba escrito que esto pasaría algún día", mascullaba mientras se vestía. "Mira que le tengo dicho que ya tiene medio pie en la tumba y que, como no se ponga a dieta, sus malos hábitos lo van a mandar al otro barrio". Y con esas, agarró su maletín y salió como alma que lleva el diablo.

Las prisas no son buenas, pero esto era, nunca mejor dicho, un asunto de vida o muerte. En menos que canta un gallo, el doctor, empapado de sudor, ya estaba frente al vistoso edificio donde moraba el autor. Sin pensárselo dos veces, se puso a subir a toda prisa las escaleras, hasta el apartamento de Bernardo, ubicado en la cuarta planta. Nada más llegar, empezó a aporrear la puerta del escritor. Bernardo abrió, y se encontró con el pálido semblante del extenuado médico que, tras semejante carrera, luchaba por recuperar el aliento. Sin mediar ni media palabra, se fue directo a un sillón, dónde se desplomó.

So geschah es eines nachts, als das Telefon im Haus des Arztes klingelte:

»Doktor, ich habe einen stechenden Schmerz in der Brust. Ich bin am Ende. Ich kriege keine Luft. Bitte kommen Sie so schnell wie möglich! Diesmal werde ich es wohl nicht überleben.«

»Machen Sie sich keine Sorgen, Bernardo. Ich werde in Windeseile bei Ihnen sein.«

Der Doktor befürchtete das Schlimmste. »Es war klar, dass das eines Tages passieren würde«, murmelte er, während er sich anzog. »Ich habe ihm so oft gesagt, dass er mit einem Fuß im Grab steht, und das er, wenn er keine Diät macht, wegen seiner schlechten Gewohnheiten den Löffel abgeben wird.« Er schnappte sich seine Tasche und rannte wie ein Besessener los.

Eile ist zwar nicht gut, aber in diesem Fall ging es buchstäblich um Leben und Tod. Im Handumdrehen stand der Arzt, völlig verschwitzt, vor dem prächtigen Gebäude, in dem der Autor wohnte. Ohne zu zögern, rannte er die Treppen hinauf zu Bernardos Wohnung, die sich in der vierten Etage befand. Kaum angekommen, begann er, an die Tür des Schriftstellers zu hämmern. Bernardo öffnete die Tür und sah das blasse Gesicht des erschöpften Arztes, der nach diesem Sprint nach Luft rang. Ohne ein Wort zu sagen, ging der Doktor direkt auf einen Sessel zu und brach zusammen.

—¿Qué le sucede? ¿Se encuentra usted mal? —interrogó desasosegado Bernardo.

—Creo que estoy sufriendo un infarto —articuló el médico a duras penas.

Bernardo, presa del pánico, le suministró un vaso de agua con varias píldoras. A continuación, abrió las ventanas de par en par para que entrara aire fresco y se encomendó a todos los santos habidos y por haber, para que salvaran a su amigo. A la media hora, el doctor estaba fresco como una lechuga y completamente recuperado. Así pues, tomó su maletín y, ni corto ni perezoso, declaró:

—Muy bien, mi querido amigo, si no le puedo ser de más ayuda, serán mil pesos por mis servicios.

—¡¿Cómo?! Pero si fui yo quien lo ha socorrido, mientras usted simplemente yacía en el sofá.

—Lo relevante en este caso no es el método que haya empleado para sanarle, sino el resultado obtenido. Su pecho ya no le duele, ¿verdad?

El escritor asintió con una sonrisa y abonó la cantidad debida a su astuto compadre sin rechistar.

»Was ist mit Ihnen? Geht es Ihnen schlecht?«, fragte Bernardo besorgt.

»Ich glaube, ich habe einen Herzinfarkt«, brachte der Arzt mit Mühe heraus.

Bernardo, von Panik erfüllt, gab ihm ein Glas Wasser und mehrere Pillen. Anschließend öffnete er die Fenster weit, um frische Luft hereinzulassen, und flehte alle Heiligen an, seinen Freund zu retten. Nach einer halben Stunde hatte sich der Doktor wieder erholt und fühlte sich wie ein junger Gott. Er nahm seine Tasche und sagte ohne Umschweife:

»Nun gut, mein lieber Freund, wenn ich Ihnen nicht weiter behilflich sein kann, macht das tausend Pesos für meine Dienste.«

»Wie bitte?! Aber ich habe Ihnen geholfen, während Sie einfach nur auf dem Sofa lagen.«

»Entscheidend ist nicht die angewandte Methode, sondern das Ergebnis. Sie haben keine Schmerzen in der Brust mehr, oder?«

Der Schriftsteller nickte lächelnd und zahlte seinem schlauen Freund ohne zu murren den geschuldeten Betrag.

Ejercicios

1 ¿Verdadero (V) o falso (F)?
Wahr oder falsch?

1. Los achaques de la edad traían al doctor por la calle de la amargura.
2. Bernardo estaba entrado en años pero muy sano.
3. Un día Bernardo llamó al doctor por un dolor en el pecho.
4. El doctor le había aconsejado a Bernardo ponerse a dieta.
5. Bernardo, presa de pánico, se desplomó en un sillón.
6. El escritor abonó al médico mil pesos por sus servicios.

2 Escoge la preposición correcta:
Wähle die richtige Präposition:

1. Practicaba deporte muy de vez **por / en** cuando.
2. **Ante / Para** esta tesitura, el doctor se puso **a / en** lo peor.
3. Bernardo abrió las ventanas **de / en** par **a / en** par y se encomendó **a / en** todos los santos habidos y **de / por** haber.
4. Estaba entrado **a / en** carnes porque era muy dado **de / a** hincarle el diente **a / con** todo tipo de comida grasienta.
5. No es **por / de** extrañar que cada dos **por / de** tres estuviera echando mano **a / al** teléfono para pedir ayuda.
6. Solía recurrir **a / con** los servicios de un eminente médico.

3

Completa las frases con las siguientes palabras:
Vervollständige die Sätze mit den angegebenen Wörtern:

moraba / pie / empapado / oronda
aporrear / alma / mudo / semblante

1. Su __________ panza era testigo __________ de ello.
2. Le tengo dicho que ya tiene medio __________ en la tumba.
3. Agarró su maletín y salió como __________ que lleva el diablo.
4. El doctor, __________ de sudor estaba frente al vistoso edificio donde __________ el autor.
5. El médico empezó a __________ la puerta del escritor.
6. Bernardo se encontró con el pálido __________ del doctor.

4

Combina las columnas:
Verbinde die Spalten:

1. Los dos acabaron forjando una →	a. santiamén
2. Me falta el aire. Estoy que no me	b. amistad
3. Me tendrá ahí en un	c. muerte
4. El escritor abonó el dinero sin	d. rechistar
5. Era un asunto de vida o	e. intempestivas
6. Hacía visitas a horas	f. tengo

Soluciones

Ejercicio 1: 1-F, 2-F, 3-V, 4-V, 5-F, 6-V

Ejercicio 2: 1-en, 2-Ante, en, 3-de, en, a, por, 4-en, a, a, 5-de, por, al, 6-a

Ejercicio 3: 1-oronda, mudo, 2-pie, 3-alma, 4-empapado, moraba, 5-aporrear, 6-semblante

Ejercicio 4: 1-b, 2-f, 3-a, 4-d, 5-c, 6-e

Texto 2 Modismos y frases hechas

pasar a mejor vida: der Vergangenheit angehören, aussterben

caer en el olvido: in Vergessenheit geraten

sacar a colación: erwähnen, ein Thema ansprechen

que ni pintado: wie gerufen kommen, perfekt geeignet

andarse por las ramas: vom Hundertsten ins Tausendste kommen

a la mínima de cambio: bei der ersten Gelegenheit

a la postre: schließlich, später

sin parangón: einzigartig, einmalig

a golpe de: mithilfe

a buen recaudo: sicher verwahrt

estar presto: bereit sein

ser menester: notwendig sein

si se tercia: wenn nötig

ni que decir tiene que: es versteht sich von selbst, dass

regalar los oídos: jemandem (übertrieben) schmeicheln

comulgar con algo/alguien: einer Sache/jemandem zustimmen

por lo que a mí respecta: was mich betrifft

donde esté... que se quite lo demás: wo auch immer... alles andere ist unwichtig

estar tan campante: völlig unbesorgt sein

estar como el primer día: wie neu aussehen

los años no pasan por ti: du scheinst nicht zu altern

simple y llanamente: schlicht und einfach

mandarlo todo a paseo: alles hinschmeißen, aufgeben

echarse a la bartola: sich auf die faule Haut legen

rascarse la barriga: Däumchen drehen

los años no perdonan: die Jahre machen sich bemerkbar

tener una salud de hierro: bei ausgezeichneter Gesundheit sein

pasarse de la raya: zu weit gehen

matar dos pájaros de un tiro: zwei Fliegen mit einer Klappe schlagen

estar como un armario: sehr breit bzw. stark sein

estar sordo como una tapia: taub wie ein Pfosten sein

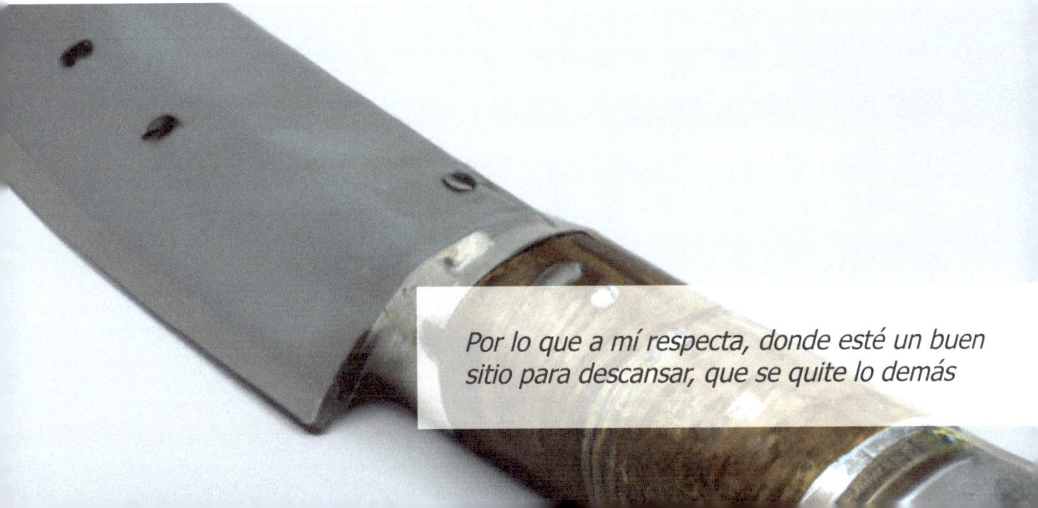

Por lo que a mí respecta, donde esté un buen sitio para descansar, que se quite lo demás

Dos cuchillos

Audio 2

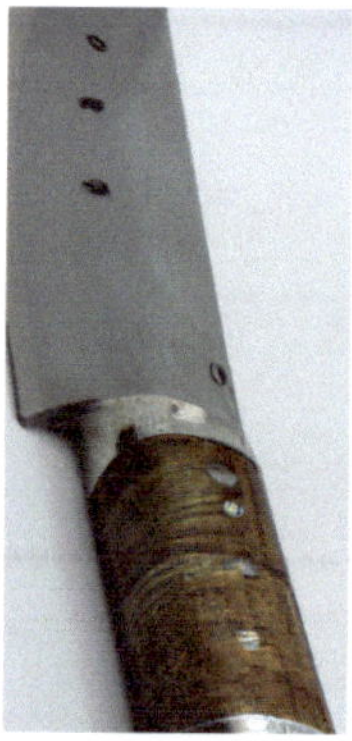

El que piense que el arte de la forja ha pasado a mejor vida, se equivoca. Es cierto que ya no se estila encargar a un herrero que nos haga un cuchillo, pero no por ello debemos pensar que se trata de una profesión que haya caído en el olvido. Aún queda algún que otro herrero por ahí. Pero, ya que he sacado a colación unos cuchillos, me viene a la mente una historia que ni pintada para dejar de divagar. Ya sabemos que me gusta andarme por las ramas y cambiar de tema a la mínima de cambio.

Resulta que mi padre, cuando era joven, tenía una amiga que a la postre sería su mujer, cuyo hermano era herrero. El talento de este hombre no tenía rival, pues era capaz de crear objetos de una belleza sin parangón. En cierta ocasión, con la destreza de quien domina el fuego, y a golpe de martillo, creó dos magníficos cuchillos. Quedó tan satisfecho, que decidió quedarse con ambos. Uno, lo dejó en la cocina, mientras que el otro, lo puso a buen recaudo en un lujoso armario.

Die zwei Messer

Wer denkt, dass die Kunst der Schmiedens der Vergangenheit angehört, irrt sich. Es ist zwar nicht mehr üblich, bei einem Schmied ein Messer in Auftrag zu geben, doch man sollte nicht denken, dass dieser Beruf in Vergessenheit geraten ist. Es gibt immer noch den einen oder anderen Schmied da draußen. Aber da ich gerade von Messern gesprochen habe, fällt mir eine Geschichte ein, die wie gerufen kommt, um abzuschweifen. Wir wissen ja, dass ich gerne vom Hundertsten ins Tausendste komme und bei der kleinsten Gelegenheit das Thema wechsle.

Es war so, dass mein Vater eine Freundin hatte, die später seine Frau werden würde, deren Bruder Schmied war. Das Talent dieses Mannes war einmalig, denn er kreirte Gegenstände von unvergleichlicher Schönheit. Einmal schuf er mit der Geschicklichkeit von einem, der das Feuer beherrscht, und einem Hammer zwei prächtige Messer. Er war so zufrieden, dass er beide behielt. Eines davon legte er in die Küche, das andere verwahrte er sicher in einem luxuriösen Schrank.

El primer cuchillo siempre estaba presto a ayudar en lo que fuera menester. Sus quehaceres cotidianos no solo se reducían a cortar pan en rebanadas, ya que, si se terciaba, también asistía a la esposa del artesano en delicados trabajos de costura. Ni que decir tiene que el herrero nunca se iba al bosque sin llevarse consigo su flamante cuchillo.

Mientras todo esto acontecía, el segundo cuchillo se pasaba el día plácidamente tumbado, descansando en compañía de otras herramientas que siempre estaban dispuestas a regalarle los oídos con halagos.

—¡Qué maravilla de filo! ¡Qué resplandor! ¿Qué haces para mantenerte en forma? —le decían entre suspiros.

—Amigos míos, en esta casa los hay que se matan a trabajar y que encima piensan que ese es el ejemplo a seguir. Pero yo no comulgo con esa idea. Por lo que a mí respecta, donde esté un buen sitio para descansar, que se quite lo demás. El trabajo no es para mí.

Con el paso del tiempo, la situación no cambió ni un ápice. El cuchillo ocioso descansaba, mientras que su hermano se entregaba con fervor al servicio de su amo. Uno debía soportar el trajín del día a día y el otro, estaba tan campante sin preocuparse por nada. Y así, durante años.

Das erste Messer half immer gern bei allem, was anfiel. Seine täglichen Aufgaben beschränkten sich nicht nur auf das Schneiden von Brot. Wenn es sich ergab, half es auch der Frau des Handwerkers bei feiner Näharbeit. Es versteht sich von selbst, dass der Schmied nie in den Wald ging, ohne sein prächtiges Messer mitzunehmen.

Während sich dies alles zutrug, lag das zweite Messer den ganzen Tag über faul herum und ruhte sich in Gesellschaft anderer Werkzeuge aus, die ihm immerzu mit Komplimenten schmeichelten.

»Welch wunderbare Schneide! Welch Glanz! Was machst du, um dich in Form zu halten?«, seufzten sie.

»Meine lieben Freunde, hier im Haus gibt es einige, die sich Tag für Tag abrackern und sich sogar für ein Vorbild halten. Aber ich teile diese Ansicht nicht. Für mich gilt: Wenn es einen bequemen Platz zum Ausruhen gibt, dann ist alles andere nebensächlich. Arbeit ist nichts für mich.«

Die Zeit verging, doch die Situation änderte sich kein bisschen. Das untätige Messer ruhte, während sein Bruder eifrig seinem Meister diente. Der eine musste den alltäglichen Belastungen standhalten, während der andere gelassen und sorglos war. Und so ging es viele Jahre lang.

Un día, tras mucho tiempo sin verse, los dos cuchillos se encontraron cara a cara de pura casualidad. El holgazán se quedó estupefacto a ver que su hermano seguía tan brillante como el primer día, sin rastro del inexorable paso del tiempo. Él, en cambio, mostraba los estragos de la vida sedentaria, oxidado y deslucido, sin el esplendor de antaño.

—Parece que los años no pasan por ti. ¿Cómo te las apañas? —interrogó el vago a su hermano.

—No hay ningún secreto. Simple y llanamente intento mantenerme activo. No te creas que a mí no me dan ganas a veces de mandarlo todo a paseo y echarme a la bartola. Pero es que uno no puede pasarse el día rascándose la barriga. Al final, los malos hábitos pasan factura y los años no perdonan.

No hace falta ser un cuchillo para saber que una vida activa es fundamental para tener una salud de hierro. Pero tampoco debemos pasarnos de la raya. Es necesario encontrar un equilibro entre las obligaciones laborales, la actividad física y el ocio. Por cierto, la profesión de herrero nos permite matar dos pájaros de un tiro ya que conjuga a la perfección el trabajo y el ejercicio. Y si no, que se lo pregunten a mi tío, que está como un armario. Eso sí, el pobre está sordo como una tapia de tanto darle al martillo.

Die beiden Messer sahen sich lange Zeit nicht, bis sie sich eines Tages zufällig begneten. Der Faulpelz bemerkte erstaunt, dass sein Bruder genauso strahlend wie am ersten Tag war und man ihm den unaufhaltsamen Lauf der Zeit nicht ansah. Er selbst jedoch zeigte deutliche Spuren seines trägen Lebensstils, war rostig und stumpf, ohne den Glanz von einst.

»Du scheinst nicht zu altern. Wie schaffst du das?«, fragte das faule Messer seinen Bruder.

»Es gibt kein Geheimnis. Ich versuche schlicht und einfach, aktiv zu bleiben. Glaube nicht, dass es mir nicht manchmal in den Sinn kommt, alles hinzuschmeißen und mich auf die faule Haut zu legen. Aber man kann nicht den ganzen Tag Däumchen drehen. Schlechte Gewohnheiten rächen sich am Ende, und die Jahre machen sich bemerkbar.«

Man muss kein Messer sein, um zu wissen, dass ein aktives Leben entscheidend für die Gesundheit ist. Aber man darf es auch nicht übertreiben. Es ist wichtig, ein Gleichgewicht zwischen beruflichen Verpflichtungen, körperlicher Aktivität und Freizeit zu finden. Übrigens schlägt der Beruf des Schmieds zwei Fliegen mit einer Klappe: Er verbindet Arbeit und Bewegung perfekt. Wenn Sie mir nicht glauben, fragen Sie meinen Onkel, der breit wie ein Schrank ist. Allerdings ist er von dem ganzen Hämmern taub wie ein Pfosten.

Ejercicios

1 ¿Verdadero (V) o falso (F)?
Wahr oder falsch?

1. El talento del herrero no tenía rival.
2. El primer cuchillo cortaba pan en rebanadas y asistía a la esposa del artesano.
3. El primer cuchillo le regalaba los oídos al segundo cuchillo.
4. El secreto del primer cuchillo está en rascarse la barriga.
5. Un día el herrero llevó al bosque el cuchillo oxidado.
6. El holgazán descansaba en compañía de otras herramientas.

2 Escoge la preposición correcta:
Wähle die richtige Präposition:

1. Ya que he sacado **a / en** colación unos cuchillos, me viene **a / en** la mente una buena historia.
2. El primer cuchillo estaba presto **a / por** ayudar **de / en** lo que fuera menester.
3. Los hay que se matan **a / de** trabajar y piensan que ese es el ejemplo **a / para** seguir. No comulgo **en / con** esa idea.
4. Ya sabemos que me gusta cambiar **por / de** tema **a / con** la mínima **a / de** cambio.
5. Se encontraron cara **de / a** cara **de / en** pura casualidad.
6. Me dan ganas **por / de** mandarlo todo **a / en** paseo.

3 Completa las frases con las siguientes palabras:
Vervollständige die Sätze mit den angegebenen Wörtern:

recaudo / tapia / factura / oxidado / tiro
martillo / antaño / hierro / fundamental

1. Puso el otro cuchillo a buen ______ en un lujoso armario.
2. Los malos hábitos pasan _______ y los años no perdonan.
3. Eso nos permite matar dos pájaros de un __________ .
4. Está sordo como una _______ de tanto darle al _______ .
5. Estaba _______ y deslucido, sin el esplendor del ______ .
6. Una vida activa es __________ para tener una salud de __________ .

4 Combina las columnas:
Verbinde die Spalten:

1. Este arte no se ha caído en el →	a. bartola
2. Me gusta andarme por las	b. ápice
3. Creaba objetos de una belleza sin	c. olvido
4. La situación no cambió ni un	d. parangón
5. Mostraba los estragos de la vida	e. ramas
6. Me dan ganas echarme a la	f. sedentaria

Soluciones

Ejercicio 1: 1-V, 2-V, 3-F, 4-F, 5-F, 6-V

Ejercicio 2: 1-a, a, 2-a, en, 3-a, a, con, 4-de, a, de, 5-a, de, 6-de, a

Ejercicio 3: 1-recaudo, 2-factura, 3-tiro, 4-tapia, martillo, 5-oxidado, antaño, 6-fundamental, hierro

Ejercicio 4: 1-c, 2-e, 3-d, 4-b, 5-f, 6-a

Texto 3 Modismos y frases hechas

amigo de lo ajeno: Dieb oder jemand, der in Diebstähle verwickelt ist

frotarse las manos: sich die Hände reiben

de hoy no pasa: das wird sich morgen ändern

tener toda la pinta de: offensichtlich, scheinbar

al amparo de: unter dem Schutz von

como quien no quiere la cosa: mit Unschuldsmiene

ipso facto: sofort, unverzüglich

tenérsela a alguien preparada: etwas im Schilde gegen jmd. führen

faltarle un tornillo a alguien: eine Schraube locker haben

no ver tres en un burro: blind wie ein Maulwurf sein

como si nada: als ob nichts passiert wäre

darse de bruces: plötzlich etwas/jemandem gegenüber stehen

lo veo y no lo creo: ich traue meinen Augen nicht

ser más viejo que Matusalén: steinalt sein

a las primeras de cambio: schleunigst, bei nächster Gelegenheit

no vale la pena: es lohnt sich nicht

no hay excusas que valgan: keine faulen Ausreden

no está la cosa para...: die aktuellen Umstände sind ungünstig für...

tú verás: wie du willst (zeigt jedoch Ablehnung)

pararse en seco: plötzlich stehen bleiben

no tenerlas todas consigo: Zweifel haben, nicht sicher sein

hacerse pasar por: sich als ... ausgeben

darle vueltas a algo: über etwas grübeln

estar con la mosca detrás de la oreja: misstrauisch sein

entrar en escena: auf den Plan treten

como un rayo: extrem schnell oder plötzlich

y tanto que: absolut, sehr

rematar la faena: die Aufgabe abschließen, vollenden

poner el colofón: die Krone aufsetzen

salirse con la suya: in seinen Plänen erfolgreich sein

Un plan perfecto

Audio 3

A los pies de una colina, serpenteaba un sendero por cual iba un pastor. Llevaba a hombros una cabra que había adquirido esa misma mañana en el mercado. Por aquellos parajes solían merodear ladrones y otros amigos de lo ajeno, por lo que no es de sorprender que la mala fortuna quisiera que tres malhechores lo avistaran. Estos se regocijaron y comenzaron de inmediato a pergeñar una treta para hurtar el animal. Aún no habían comenzado los preparativos, y ya se estaban frotando las manos pensando en el festín que se iban a dar.

—Llevamos días sin cenar caliente, pero, gracias a mi plan, de hoy no pasa. —declaró el más avispado de ellos, que tenía toda la pinta de ser el cabecilla.

Los rufianes se ocultaron sigilosamente al amparo de la maleza y aguardaron el paso de su víctima. En el momento planeado, el primero de ellos se aproximó al pastor como quien no quiere la cosa.

Ein perfekter Plan

Am Fuße eines Hügels schlängelte sich ein Pfad, den ein Hirte entlangging. Er trug eine Ziege auf seinen Schultern, die er am selben Morgen auf dem Markt erworben hatte. In dieser Gegend trieben sich oft Diebe und andere zwielichtige Gestalten herum, daher ist es nicht überraschend, dass das Unglück wollte, dass drei Gauner ihn entdeckten. Sie freuten sich und begannen sofort, einen Trick auszutüfteln, um das Tier zu stehlen. Die Vorbereitungen hatten noch nicht begonnen, und sie rieben sich bereits die Hände ob des Festmahls, das sie haben würden.

»Wir hatten schon seit Tagen kein warmes Abendessen, aber dank meines Plans wird sich das heute ändern«, erklärte der pfiffigste von ihnen, der ganz offensichtlich der Anführer war.

Die Gauner versteckten sich leise hinter einem Gebüsch und warteten darauf, dass ihr Opfer vorbeikommt. Im geplanten Moment näherte sich der erste von ihnen dem Hirten mit Unschuldsmiene.

—¡Pero qué ven mis ojos! ¡Vaya perro más horrendo! —exclamó el maleante, mostrando grandes dotes interpretativas—. ¿Cómo se puede tener semejante adefesio? ¡Qué asco de perro! Espero que al menos sea buen cazador. De lo contrario, me desharía de él ipso facto.

—¡Qué tipo más extraño! —pensó el pastor, ignorando la que le tenían preparada—. ¿No resulta evidente que esto es una cabra y no un perro? A ese hombre o le falta un tornillo o no ve tres en un burro.

El pastor prosiguió su marcha por el sendero como si nada. Estaba de nuevo perdido en sus pensamientos cuando, de repente, se dio de bruces con el segundo ladrón, que parecía que hubiera surgido de la nada:

—Lo veo y no lo creo. ¿Tú qué haces con ese perro? Si es más viejo que Matusalén. Yo que tú, soltaría a ese vejestorio a las primeras de cambio y lo dejaría morir en paz. No vale la pena tener un perro así.

—Pe... Pero... —musitó el ingenuo hombre antes de ser interrumpido de nuevo.

—¡No hay excusas que valgan! Ni te lo pienses. No está la cosa para andar tirando el dinero manteniendo un perro del que no vas a sacar ningún provecho. Tómatelo como un consejo de amigo. Tú verás.

»Was sehen da meine Augen! So ein hässlicher Hund!«, rief der Bösewicht und zeigte großes schauspielerisches Talent. »Wie kann man nur so eine Missgeburt haben? Ein widerlicher Hund! Ich hoffe, er ist zumindest ein guter Jäger. Andernfalls würde ich ihn sofort loswerden wollen.«

›Was für ein seltsamer Typ!‹, dachte der Hirte und ahnte nichts von der Falle. ›Ist es nicht offensichtlich, dass das eine Ziege und kein Hund ist? Dieser Mann hat entweder einen Schraube locker oder ist blind wie ein Maulwurf.‹

Der Hirte setzte seinen Weg auf dem Pfad fort, als wäre nichts passiert. Er war wieder in seine Gedanken vertieft, als er plötzlich dem zweiten Dieb gegenüberstand, der wie aus dem Nichts aufgetaucht zu sein schien:

»Ich traue meinen Augen nicht. Was machst du mit diesem Hund? Der ist ja steinalt. Wenn ich du wäre, würde ich diesen alten Knacker schleunigst freilassen und in Frieden sterben lassen. Es lohnt sich nicht, solch einen Hund zu behalten.«

»Ab... Aber... «, murmelte der gutgläubige Mann, bevor er erneut unterbrochen wurde.

»Keine faulen Ausreden! Du solltest nicht zögern. Die Zeiten sind zu schwer, um einen Hund zu halten, von dem du keinen Nutzen haben wirst. Nimm es als einen Ratschlag von einem Freund. Du wirst schon sehen.«

El bandido se fue alejando y el incauto pastor se paró en seco. Él veía una cabra, pero ya no las tenía todas consigo. "¿Y si resulta que esto es un demonio que se hace pasar por cabra?", pensó y empezó a darle vueltas al problema. Cuantas más vueltas le daba, más dudas le entraban. No tardó en estar con la mosca detrás de la oreja y, desesperado, empezó a mirar a ambos lados del camino, mientras sujetaba el animal sin saber qué hacer con él.

En ese instante, siguiendo un plan que estaba rozando la perfección, el tercer ladrón entró en escena. Su imprudente víctima se lanzó como un rayo a preguntarle:

—!Disculpe, disculpe! Le voy a hacer una pregunta muy tonta: ¿Qué animal ve usted aquí?

—Y tanto que tonta. Está claro que estoy viendo un perro. ¿Qué voy a ver si no? —sentenció el ladrón, rematando la faena y poniendo el colofón a una actuación magistral.

La respuesta dejó al pastor sin respiración, mientras un escalofrío le recorría la espalda. El pobre hombre soltó la cabra y huyó despavorido gritando "¡Esto es un demonio! ¡Un demonio!". Un rato después, los tres embaucadores se hicieron con la cabra, se felicitaron por haberse salido con la suya, y se fueron canturreando.

Der Bandit entfernte sich, und der gutgläubige Hirte blieb abrupt stehen. Er sah eine Ziege, aber er war sich nicht mehr sicher. ›Was ist, wenn das ein Dämon ist, der sich als Ziege ausgibt?‹, fragte er sich und kam ins Grübeln. Je mehr er darüber nachdachte, desto mehr Zweifel kamen ihm. Bald hatte er ein ungutes Gefühl und schaute verzweifelt nach beiden Seiten des Weges, während er das Tier hielt und nicht wusste, was er damit anfangen sollte.

In diesem Moment, als nächster Schritt eines nahezu perfekten Plans, trat der dritte Dieb auf den Plan. Sein ahnungsloses Opfer stürzte auf ihn zu und fragte ihn:

»Entschuldigen Sie, entschuldigen Sie! Ich werde Ihnen eine sehr dumme Frage stellen: Welches Tier sehen Sie hier?«

»Und was für eine dumme Frage. Natürlich sehe ich einen Hund. Was sollte ich sonst sehen?«, erklärte der Dieb und vollendete die Tat und die meisterhafte Darbietung.

Die Antwort raubte dem Hirten den Atem und ein Schauder durchzuckte ihn. Der arme Mann ließ die Ziege los und floh entsetzt mit einem Schrei: »Das ist ein Dämon! Ein Dämon!« Einige Zeit später ergriffen die drei Betrüger die Ziege, gratulierten sich gegenseitig zu ihrem Erfolg und zogen singend davon.

Ejercicios

1 ¿Verdadero (V) o falso (F)?
Wahr oder falsch?

1. El hombre que llevaba la cabra la había hurtado esa mañana.
2. Los ladrones se iban a dar un festín con la cabra.
3. Los maleantes mostraron grandes dotes interpretativas.
4. Los rufianes intentaron hablar con el pastor pero los ignoró.
5. El plan de los ladrones fracasó y el pastor prosiguió su marcha por el sendero como si nada.
6. El pastor soltó la cabra pensando que era un demonio.

2 Escoge la preposición correcta:
Wähle die richtige Präposition:

1. El pastor se dio **a / de** bruces **con / en** el segundo ladrón.
2. Yo que tú, soltaría **a / de** ese vejestorio **a / por** las primeras **de / a** cambio y lo dejaría morir **con / en** paz.
3. "¿Y si esto es un demonio que se hace pasar **de / por** cabra?", pensó y empezó a darle vueltas **al / por el** problema.
4. Los tres embaucadores se hicieron **de / con** la cabra y se felicitaron **por / con** haberse salido **por / con** la suya.
5. No es **a / de** sorprender que unos malhechores lo avistaran.
6. Llevamos días **sin / en** cenar caliente, pero, gracias **a / de** mi plan, **por / de** hoy no pasa.

3

Completa las frases con las siguientes palabras:
Vervollständige die Sätze mit den angegebenen Wörtern:

hurtar / maleza / treta / cabecilla / avispado
mosca / escalofrío / parajes / amparo / ajeno

1. Por aquellos __________ solían merodear ladrones y otros amigos de lo ___________ .
2. Comenzaron a pergeñar una _____ para ______ la cabra.
3. Los rufianes se ocultaron al _________ de la _________ .
4. No tardó en estar con la ____________ detrás de la oreja.
5. En ese instante un ______________ le recorrió la espalda.
6. El más _____ de ellos tenía toda la pinta de ser el _____ .

4

Combina las columnas:
Verbinde die Spalten:

1. Me desharía de este perro ipso →	a. tornillo
2. A ese hombre le falta un	b. nada
3. Este tipo no ve tres en un	c. facto
4. Parecía que hubiera surgido de la	d. consigo
5. El incauto pastor se paró en	e. seco
6. Ya no las tenía todas	f. burro

Soluciones

Ejercicio 1: 1-F, 2-V, 3-V, 4-F, 5-F, 6-V

Ejercicio 2: 1-de, con, 2-a, a, de, en, 3-por, al, 4-con, por, con, 5-de, 6-sin, a, de

Ejercicio 3: 1-parajes, ajeno, 2-treta, hurtar, 3-amparo, maleza, 4-mosca, 5-escalofrío, 6-avispado, cabecilla

Ejercicio 4: 1-c, 2-a, 3-f, 4-b, 5-e, 6-d

Texto 4 Modismos y frases hechas

trabajar de sol a sol: von früh bis spät arbeiten

aportar su granito de arena: seinen Beitrag leisten

para muestra, un botón: ein Paradebeispiel

darle la mañana/tarde/noche a alguien: jemandem am Morgen/am Nachmittag/am Abend Schwierigkeiten bereiten

estar con el agua al cuello: bis zum Hals in ... stecken

arrimar el hombro: mit anpacken

estar por la labor de hacer algo: bereit sein, etwas zu tun

ser la oveja negra de la familia: das schwarze Schaf der Familie sein

ser un... de tomo y lomo: ein echter ... sein

arde Troya: es kommt zum Streit; jmd reagiert extrem wütend

hacerse el inocente: sich unschuldig oder ahnungslos stellen

poner el grito en el cielo: starke Missbilligung zum Ausdruck bringen

no dar un palo al agua: keinen Finger rühren

para colmo: noch dazu, obendrein

no puedo contigo: es reicht mir mit dir

lo tuyo no tiene nombre: du bist unverschämt

dale que te pego con...: jetzt hör auf / gib Ruhe mit...

el horno no está para bollos: es ist nicht der richtige Zeitpunkt

estar que te llevan los demonios: vor Wut außer sich sein

la sangre no llegó al río: die Situation eskalierte nicht

a... no me gana nadie: niemand kann mich in... übertreffen

tenérsela guardada a alguien: jemandem Rache schwören

a trancas y barrancas: mehr schlecht als recht

Por eso, al llegar la tarde, en esa casa ardía Troya.

Padres e hijos

Audio 4

Hoy en día trabajamos de sol a sol bajo la premisa de que así mejoraremos nuestra calidad de vida. Pero el exceso de trabajo nos lleva a veces a descuidar el ambiente familiar. Todos en casa deben aportar su granito de arena para evitar que nuestro hogar se convierta en un campo de batalla. Y para muestra, un botón.

No hace mucho, tuve unos vecinos a los que recuerdo con cariño, aunque de vez en cuando, me daban la tarde con sus gritos. Los padres eran programadores y siempre me contaban que estaban con el agua al cuello por culpa de los plazos imposibles que les imponían en el trabajo. Por eso, pedían a sus hijas que arrimaran el hombro en casa.

Todas las mañanas, antes de ir a trabajar, había reparto de tareas: sacar la basura, hacer recados, preparar la cena,... Ahí no se libraba nadie. La hija mayor estaba por la labor y ayudaba en todo lo que se le pidiera. Por el contrario, la hija pequeña era la oveja negra de la familia y una vaga de

Eltern und Kinder

Heutzutage arbeiten wir von früh bis spät unter der Prämisse, dass dies unsere Lebensqualität verbessern wird. Aber ein Übermaß an Arbeit führt manchmal dazu, dass wir unser familiäres Umfeld vernachlässigen. Jeder in der Familie sollte seinen Beitrag leisten, damit unser Zuhause nicht zu einem Schlachtfeld wird. Hier ein Paradebeispiel:

Vor einiger Zeit hatte ich Nachbarn, an die ich mich gern erinnere, auch wenn sie mich an manchen Abenden mit ihren lauten Streits nervten. Die Eltern waren Programmierer und erzählten mir oft, dass sie wegen unmöglicher Fristen, die ihnen in ihrem Job auferlegt wurden, bis zum Hals in Arbeit steckten. Daher baten sie ihre Töchter, zu Hause mit anzupacken.

Jeden Morgen, bevor sie zur Arbeit gingen, verteilten sie Aufgaben: Müll rausbringen, Besorgungen machen, Abendessen vorbereiten, ... Niemand wurde verschont. Die älteste Tochter half gern und tat alles, was von ihr verlangt wurde. Die jüngere Tochter war hingegen das schwarze Schaf tomo y lomo. Por eso, al llegar la tarde, en esa casa ardía Troya. Siempre la misma cantinela. La hija pequeña se hacía la inocente, mientras su madre, que no tenía idea de cómo tratar con adolescentes, ponía el grito en el cielo:

—¡Otra vez más de lo mismo! Te has pasado el día por ahí con tus amigas y no has dado un palo al agua. Y para colmo, ni siquiera has sacado al perro. ¿Y dónde está el queso que te pedí que compraras?

—¿Queso? ¿Me habías pedido que comprara queso? Perdona, pero no te había oído.

—¡Madre mía! ¡Es que no puedo contigo! Lo tuyo no tiene nombre. ¿Y ahora qué vamos a cenar? Teníamos pensado hacer lasaña. ¿Acaso sabes hacer una lasaña sin queso?

—Dale que te pego con el queso. ¡Qué pesada eres, mamá! Que ya te he dicho que no te había oído. Otro día lo compro y listo.

El padre intentó interceder para calmar los ánimos, pero vio de inmediato que el horno no estaba para bollos. Así que se dio media vuelta y volvió a la cocina, donde se las apañó para preparar una cena sin queso. La madre, por su parte, estaba que se la llevaban los demonios. Pero, como siempre, la sangre no llegó al río.

der Familie und eine echte Faulenzerin. Deshalb gerieten sie sich Abends oft in die Haare. Immer die gleiche Leier. Die jüngere Tochter tat unschuldig, während der Mutter, die nicht wusste, wie man mit Teenagern umgeht, die Galle überlief:

»Wieder dasselbe! Du hast den ganzen Tag mit deinen Freundinnen rumgehangen und keinen Finger gerührt. Und obendrein bist du nicht mal mit dem Hund Gassi gegangen. Und wo ist der Käse, den du kaufen solltest?«

»Käse? Hattest du mich gebeten, Käse zu kaufen? Entschuldige, das habe ich nicht gehört.«

»Meine Güte! Es reicht mir mit dir! Du bist unverschämt. Und was essen wir jetzt heute Abend? Wir wollten Lasagne machen. Kannst du vielleicht Lasagne ohne Käse machen?«

»Jetzt hör auf mit dem Käse. Du nervst, Mama! Ich habe dir doch gesagt, dass ich das nicht mitbekommen habe. Ich kaufe ihn ein andermal und gut ist.«

Der Vater versuchte zu vermitteln, um die Gemüter zu beruhigen, merkte jedoch sofort, dass es ein ungünstiger Zeitpunkt war. Also machte er kehrt, ging in die Küche zurück und improvisierte ein Abendessen ohne Käse. Die Mutter war außer sich vor Wut. Aber die Gemüter beruhigten sich wieder, wie immer.

Aún así, la madre, que a rencorosa no la ganaba nadie, se la tenía guardada. Unos días después, había en el centro comercial rebajas de esas que solo hay una vez al año. Así que preguntó a sus hijas si necesitaban algo:

—Si puede ser, querría una tablet nueva, que la mía me va a trancas y barrancas —solicitó la hermana mayor.

—Oye, pues yo no voy a ser menos. Tráeme una a mí también, mamá —pidió la hija holgazana.

Al caer la tarde, los padres volvieron a casa con sendos ordenadores de gran potencia para su trabajo y una tablet, que la madre entregó a la hermana mayor.

—¿Y mi tablet? —inquirió la hija perezosa.

—¿Tablet? ¿Me habías pedido una tablet? —dijo la madre con tono burlón—. Perdona, no te había oído. Como aquel día que no habías oído lo de comprar queso.

—Pues yo hoy tengo una cosita para ti —dijo la hija bajando la mirada mientras sacaba de una bolsa del supermercado el queso favorito de su madre.

Entonces, para sorpresa de todos, mía incluida, ya que lo estaba escuchando todo, la madre sacó una segunda tablet de su bolso y se lanzaron las dos a abrazarse. Está claro que no hay nada más fuerte que el amor de madre.

Die Mutter war jedoch sehr nachtragend und schwor Rache. Ein paar Tage später gab es im Einkaufszentrum Preissenkungen, von der Sorte, die es nur einmal im Jahr gibt. Also fragte sie ihre Töchter, ob sie etwas brauchten:

»Ich hätte gern ein neues Tablet wenn möglich, meines geht mehr schlecht als recht«, bat die ältere Schwester.

»Hey, ich möchte nicht hinten anstehen. Hol mir auch eins, Mama«, bat die faule Tochter.

Am Abend kehrten die Eltern mit leistungsstarken Computern für ihre Arbeit und einem Tablet nach Hause zurück, das die Mutter der älteren Tochter übergab.

»Und mein Tablet?« fragte die faule Tochter.

»Tablet? Wolltest du ein Tablet?«, spöttelte die Mutter. »Entschuldige, das habe ich nicht gehört. Wie an dem Tag, als du das mit dem Käse nicht gehört hast.«

»Tja, heute habe ich was für dich«, sagte die Tochter, senkte den Blick und holte den Lieblingskäse ihrer Mutter aus einer Einkaufstüte.

Zur Überraschung aller - auch meiner, denn ich hörte ja alles mit - zog die Mutter ein zweites Tablet aus ihrer Handtasche, und beide fielen sich in die Arme. Eines ist klar: Es gibt nichts Stärkeres als die Liebe einer Mutter.

Ejercicios

1 ¿Verdadero (V) o falso (F)?
Wahr oder falsch?

1. Los padres pedían a sus hijas que arrimaran el hombro en casa.
2. La hija mayor era una vaga de tomo y lomo.
3. La madre no tenía idea de cómo tratar con adolescentes.
4. La hija pequeña siempre se hacía la inocente.
5. La madre le compró la tablet solo a la hija mayor.
6. Al final, la madre y la hija se lanzaron a abrazarse.

2 Escoge la preposición correcta:
Wähle die richtige Präposition:

1. Hoy **de / en** día trabajamos **de / en** sol a sol **para / bajo** la premisa de que así mejoraremos nuestra calidad de vida.
2. No quiero que nuestro hogar se convierta **en / a** un campo **de / a** batalla. Y **de / para** muestra, un botón.
3. La hija mayor siempre estaba **por / para** la labor.
4. No has dado un palo **al / con** agua. Y **al / para** colmo, ni siquiera has sacado al perro.
5. El padre intentó calmar los ánimos, pero vio **al / de** inmediato que el horno no estaba **con / para** bollos.
6. La tablet me va **a / de** trancas y barrancas.

3 Completa las frases con las siguientes palabras:
Vervollständige die Sätze mit den angegebenen Wörtern:

pego / oveja / llevaban / guardada / apañó
pesada / cantinela / ganaba / Troya

1. La hija pequeña era la ________ negra de la familia.
2. Cada tarde, ardía ________ . Siempre la misma ________ .
3. Dale que te ________ con el queso. Qué _______ eres, mamá.
4. La madre, que a rencorosa no la ________ nadie, se la tenía ________ .
5. La madre estaba que se la ________ los demonios.
6. El padre se las ________ para preparar una cena sin queso.

4 Combina las columnas:
Verbinde die Spalten:

1. Todos aportan su granito de →	a. cielo
2. Siempre estaban con el agua al	b. arena
3. La madre ponía el grito en el	c. río
4. Lo tuyo no tiene	d. cuello
5. La sangre no llegó al	e. menos
6. Oye, pues yo no voy a ser	f. nombre

Soluciones

Ejercicio 1: 1-V, 2-F, 3-V, 4-V, 5-F, 6-V

Ejercicio 2: 1-en, de, bajo, 2-en, de, para, 3-por, 4-al, para, 5-de, para, 6-a

Ejercicio 3: 1-oveja, 2-Troya, cantinela, 3-pego, pesada, 4-ganaba, guardada, 5-llevaban, 6-apañó

Ejercicio 4: 1-b, 2-d, 3-a, 4-f, 5-c, 6-e

Texto 5 Modismos y frases hechas

al pie de la letra: wortwörtlich, Anweisungen genau befolgend

no tener ni pies ni cabeza: weder Hand noch Fuß haben

tener en gran estima: sehr schätzen

contra viento y marea: gegen alle Widrigkeiten

poner a alguien en un brete: jemanden in eine Zwickmühle bringen

la hora de la verdad: die Stunde der Wahrheit; wenn es hart auf hart kommt

echarse atrás: einen Rückzieher machen

sin novedad: ohne Zwischenfälle; alles beim Alten

estar calado hasta los huesos: bis auf die Knochen nass sein

con mano de hierro: mit eisener Faust regieren

no me da buena espina: ein ungutes Gefühl haben

pasar de largo: ohne anzuhalten vorbeigehen

hacer un alto en el camino: Halt machen

no tardar en: nicht lange dauern, etwas schnell tun

como cualquier... que se precie: wie jeder ..., der etwas auf sich gibt

no andarse con rodeos: ohne Umschweife zum Punkt kommen, nicht lange fackeln

echar el guante a alguien/algo: jemanden/etwas schnappen

pena capital: Todesstrafe

hacer de tripas corazón: sich ein Herz fassen, Mut aufbringen

con pelos y señales: mit allen Einzelheiten, ausführlich

ser un secreto a voces: ein offenes Geheimnis sein

agarrarse a un clavo ardiendo: sich verzweifelt an jede Hoffnung klammern

por aclamación popular: durch Beifallsrufe, durch den Wunsch der großen Mehrheit

El sueño del filósofo

Audio 5

En tiempos inmemoriales, en un lugar remoto que no merece la pena ser mencionado, vivía un anciano filósofo. Una noche tuvo un sueño tan vívido, que decidió seguirlo al pie de la letra, a pesar de que suponía embarcarse en una aventura plagada de peligros.

—Debo partir hoy mismo. —explicó a sus sesenta discípulos—. ¿Quién desea acompañarme? El que lo haga, ha de memorizar esta frase y decirla a mi señal: "Deseo morir en lugar del filósofo". La mayor parte del sueño no tenía ni pies ni cabeza, pero el desenlace nos colmará de felicidad y esa frase jugará un papel fundamental en todo ello.

Los alumnos tenían en gran estima a su maestro y siempre lo apoyaban contra viento y marea. Pero este los había puesto en un brete. Albergaban dudas sobre el desenlace de semejante empresa, por lo que, a la hora de la verdad, todos excepto uno se echaron atrás. De este modo, se formó una expedición de solo dos miembros.

Der Traum des Philosophen

Vor ewiger Zeit lebte in einem fernen Land, dessen Namen sich nicht zu erwähnen lohnt, ein alter Philosoph. Eines nachts hatte er einen so lebensechten Traum, dass er beschloss, ihm wortwörtlich zu folgen, auch wenn er sich dafür auf ein Abenteuer voller Gefahren begeben musste.

»Ich muss noch heute aufbrechen«, erklärte er seinen sechzig Jüngern. »Wer möchte mich begleiten? Derjenige muss sich den folgenden Satz merken und ihn auf mein Zeichen sagen: ›Ich möchte anstelle des Philosophen sterben‹. Der Großteil des Traums hatte weder Hand noch Fuß, doch das Ergebnis wird uns mit Glück erfüllen, und dieser Satz wir eine entscheidene Rolle spielen.«

Die Schüler schätzten ihren Meister sehr und standen immer hinter ihm. Aber hier hatte er sie in eine Zwickmühle gebracht. Sie hegten Zweifel am Ergebnis eines solchen Unterfangens, und in der Stunde der Wahrheit machten alle bis auf einen einen Rückzieher. So kam eine Expedition mit nur zwei Mitgliedern zustande.

Los primeros días de periplo pasaron sin novedad, con la única salvedad de una noche de tormenta que dejó a ambos viajeros calados hasta los huesos. Al cumplirse una semana de camino, llegaron a un reino cuyo monarca era un tirano que gobernaba con mano de hierro. Al alumno no le daba buena espina el lugar y sugirió pasar de largo, pero su maestro indicó que era el momento de hacer un alto en el camino. Así se hizo y no tardaron en caer presos bajo la sospecha de ser espías y ser llevados ante el rey.

Como cualquier tirano que se precie, este no se andaba con rodeos, así que ni se inmutó al ordenar la inmediata ejecución de esos dos criminales a los que acaban de echar el guante. Aún estaban resonando las palabras del rey, cuando cinco soldados levantaron sus espadas sobre el petrificado discípulo, dispuestos a ejecutar la pena capital. En medio de esta vorágine, surgió la voz del filósofo:

—¡Un momento, majestad! ¡Deseo morir yo primero! ¡Ejecutadme a mí sin demora, por favor!

Inmediatamente dio la señal acordada a su alumno. Este, aterrado, tuvo un momento de duda. Pero inmediatamente hizo de tripas corazón y gritó la frase que había memorizado:

—¡No, deseo morir en lugar del filósofo!

Die ersten Tage der Reise verliefen ereignislos, mit Ausnahme einer stürmischen Nacht, in der beide Reisenden bis auf die Haut durchnässt wurden. Nach einer Woche erreichten sie ein Königreich, dessen Monarch ein Tyrann war, der mit eiserner Faust herrschte. Der Schüler hatte in dem Ort ein ungutes Gefühl und er schlug vor, weiterzureisen, aber sein Meiser sagte, es sei an der Zeit, Halt zu machen. Das taten sie und es dauerte nicht lange, bis sie unter dem Verdacht der Spionage verhaftet und vor den König geführt wurden.

Wie jeder Tyrann, der etwas auf sich hält, fackelte dieser nicht lange und ordnete die sofortige Hinrichtung der beiden gerade gefassten Kriminellen an, ohne mit der Wimper zu zucken. Die Worte des Königs hallten noch nach, da hoben bereits fünf Soldaten ihre Schwerter über dem angsterfüllten Jünger, um die Todesstrafe zu vollstrecken. Inmitten des Trubels erklang die Stimme des Philosophen:

»Wartet einen Moment, Eure Majestät! Ich möchte zuerst sterben! Bitte exekutieren Sie mich unverzüglich!«

Sofort gab er seinem Schüler das vereinbarte Zeichen. Dieser war so entsetzt, dass er einen Moment zweifelte. Doch dann fasste er sich ein Herz und rief den Satz, den er auswendig gelernt hatte:

»Nein, ich möchte statt des Philosophen sterben!«

Los soldados se detuvieron y, con las espadas aún en alto, dirigieron sus ojos al tirano que, sumamente desconcertado ante lo insólito de la situación, exigió una explicación. El filósofo, con tono persuasivo, comenzó a explicar con pelos y señales sus supuestas investigaciones en el campo de la magia. El rey escuchaba sin pestañear, pues era un secreto a voces su fascinación por el tema y estaba tan ansioso por obtener algún tipo de poder sobrenatural, que era capaz de agarrarse a un clavo ardiendo con tal de conseguirlo.

—...y bien, majestad, tras años de investigación —el filósofo fue llegando al final de su relato—, he determinado que quien muera primero en este mismo lugar hoy, resucitará y alcanzará la inmortalidad. Lamentablemente, mi egoísta discípulo, que es un desagradecido, desea lo mismo y por eso busca arrebatarme este poder.

—¡Ese don me corresponde a mí! —exclamó el tirano, convencido de la veracidad del relato—. ¡Soldados, ejecutadme!

No faltaron voluntarios dispuestos a cumplir la orden. A los pocos segundos el rey yacía muerto y, por supuesto, no volvió a la vida. El filósofo y su discípulo fueron nombrados gobernantes de la ciudad por aclamación popular, hecho que los colmó de felicidad... y también de riquezas.

Die Soldaten blieben stehen und blickten, die Schwerter noch erhoben, zum Tyrannen, der, vollkommen ratlos angesichts der ungewöhnlichen Situation, eine Erklärung verlangte. Der Philosoph begann mit überzeugendem Ton, lang und breit seine angeblichen Forschungen auf dem Gebiet der Magie zu erläutern. Der König spitzte die Ohren, denn seine Faszination für das Thema war ein offenes Geheimnis. Er war so begierig darauf, irgendeine übernatürliche Kraft zu erlangen, dass er nach jedem Strohhalm griff, um sein Ziel zu erreichen.

»... daher, Eure Majestät, bin ich nach jahrelanger Forschung« – beendete der Philosoph seine Geschichte – »zu dem Schluss gekommen, dass derjenige, der heute zuerst an diesem Ort stirbt, auferstehen und Unsterblichkeit erlangen wird. Leider möchte mein selbstsüchtiger und undankbarer Schüler dasselbe und versucht daher, mir diese Macht wegzunehmen.«

»Dieses Geschenk gebührt mir!«, rief der Tyrann, überzeugt von der Wahrhaftigkeit der Geschichte. »Soldaten, richtet mich hin!«

Es mangelte nicht an Freiwilligen für die Ausführung dieses Befehls. Innerhalb von Sekunden lag der König tot da und erwachte natürlich nicht wieder zum Leben. Der Philosoph und sein Schüler wurden durch Beifallsrufe der Menge zu den Herrschern der Stadt ernannt, was sie mit Glück und auch mit Reichtum erfüllte.

Ejercicios

1 ¿Verdadero (V) o falso (F)?
Wahr oder falsch?

1. Los alumnos tenían en gran estima a su maestro.
2. A la hora de la verdad, todos se echaron atrás.
3. El tirano ordenó la ejecución del filósofo y su discípulo.
4. El rey estaba ansioso por obtener algún tipo de poder sobrenatural, pero nadie lo sabía porque era un secreto.
5. El tirano resucitó y alcanzó la inmortalidad.
6. El discípulo, aterrado, no vio la señal acordada.

2 Escoge la preposición correcta:
Wähle die richtige Präposition:

1. Eso suponía embarcarse **de / en** una aventura plagada **de / con** peligros.
2. Los alumnos lo apoyaban **con / contra** viento y marea.
3. No tardaron **de / en** caer presos **bajo / para** la sospecha **de / por** ser espías y ser llevados **ante / por** el rey.
4. La tormenta los dejó calados **en / hasta** los huesos.
5. El alumno tuvo un momento **de / en** duda, pero hizo **de / con** tripas corazón y gritó la frase memorizada.
6. Los soldados, con las espadas aún **en / de** alto, dirigieron sus ojos **al / del** tirano que, desconcertado **ante / a** lo insólito de la situación, exigió una explicación.

3

Completa las frases con las siguientes palabras:
Vervollständige die Sätze mit den angegebenen Wörtern:

dudas / largo / aclamación / letra
empresa / periplo / alto / espina

1. Decidió seguir el sueño al pie de la __________ .
2. Fueron nombrados gobernantes por __________ popular.
3. Albergaban ______ sobre el desenlace de semejante ____ .
4. Los primeros días de __________ pasaron sin novedad.
5. Al alumno no le daba buena __________ el lugar y sugirió pasar de __________ .
6. Era el momento de hacer un __________ en el camino.

4

Combina las columnas:
Verbinde die Spalten:

1. El sueño no tenía ni pies ni →	a. hierro
2. El tirano no andaba con	b. cabeza
3. El maestro los había puesto en un	c. ardiendo
4. El tirano gobernaba con mano de	d. brete
5. Era capaz de agarrarse a un clavo	e. rodeos
6. Comenzó a explicarlo con pelos y	f. señales

Soluciones

Ejercicio 1: 1-V, 2-F, 3-V, 4-F, 5-F, 6-F

Ejercicio 2: 1-en, de, 2-contra, 3-en, bajo, de, ante, 4-hasta, 5-de, de, 6-en, al, ante

Ejercicio 3: 1-letra, 2-aclamación, 3-dudas, empresa, 4-periplo, 5-espina, largo, 6-alto

Ejercicio 4: 1-b, 2-e, 3-d, 4-a, 5-c, 6-f

Texto 6 Modismos y frases hechas

estar al alcance de unos pocos: für wenige erschwinglich sein

ser lo de menos: keine Rolle spielen

sin ton ni son: ohne Sinn und Verstand

aunque me fuera la vida en ello: selbst wenn mein Leben davon abhängen würde

a merced de alguien: der Gnade von jemandem ausgeliefert sein

un ojo de la cara: einen großen Geldbetrag, ein Vermögen

así como así: einfach so

a lo sumo: höchstens

no dar su brazo a torcer: sich nicht leicht geschlagen geben, stur sein

ablandar el corazón de alguien: das Herz von jemandem erweichen

dar en el clavo: den Nagel auf den Kopf treffen

ser de buena cuna: aus gutem Hause sein

no mover un dedo: keinen Finger rühren

como si la cosa no fuera con alguien: als ob es einen nichts angehen würde

sin paños calientes: ohne Umschweife, etwas offen sagen

ponerse como loco: sehr wütend oder aufgebracht werden

a grito pelado: mit lauter Stimme, lautstark

echar cuentas: einen Betrag ausrechnen

en un visto y no visto: im Handumdrehen, geschwind

¿cómo se puede ser tan...?: Wie kann man nur so ...sein?

Dinero y libertad

Audio 6

Es bien conocido que hay cosas que el dinero no puede comprar. Pero esto no parecía afectarle a un hombre de inmensa fortuna, conocido por muchos como Don Dinero. Si algo solo estaba al alcance de unos pocos, él era el primero en comprarlo. El precio era lo de menos. Además, después de gastar sin ton ni son, solía regalar sus compras a sus amigos, ya que lo importante para Don Dinero no era lo que hubiera adquirido, sino el hecho de que todos supieran que solo él podía permitirse semejante dispendio.

Pero había algo que nunca habría regalado a nadie, aunque le fuera la vida en ello: su pájaro favorito. No era un pájaro cualquiera, sino el ave más extraordinaria jamás vista en cautividad. Portaba unas plumas doradas poco comunes, de gran belleza y su simple vista causaba admiración. El desdichado animal, que solo ansiaba regresar a su hogar, vivía en una jaula a merced de Don Dinero, que se había gastado una fortuna en su adquisición.

Geld und Freiheit

Es ist weithin bekannt, dass es Dinge gibt, die man nicht mit Geld kaufen kann. Aber das schien einen äußerst wohlhabenden Mann namens Don Dinero wenig zu interessieren. Bei Dingen, die nur für wenige erschwinglich waren, war er der Erste, der sie kaufte. Der Preis spielte keine Rolle. Außerdem pflegte er seine Einkäufe an Freunde zu verschenken, wenn er mal wieder ohne Sinn und Verstand Geld ausgegeben hatte, denn für Don Dinero war es nicht wichtig, was er kaufte, sondern dass alle wussten, dass nur er sich eine solche Verschwendung leisten konnte.

Aber es gab etwas, das er nie hergegeben hätte, selbst wenn sein Leben davon abhängen würde: seinen Lieblingsvogel. Es war nicht irgendein Vogel, sondern das außergewöhnlichste Tier, das je in Gefangenschaft gesehen wurde. Er hatte ungewöhnlich schöne, goldene Federn und sein bloßer Anblick sorgte für Bewunderung. Das unglückliche Tier, das sich so danach sehnte, heimzukehren, lebte in einem Käfig, der Gnade von Don Dinero ausgeliefert, welcher eine Unsumme für es ausgegeben hatte.

Una mañana, nuestro acomodado protagonista estaba preparando la maleta para irse a la India por asuntos de negocios. Conocedor de que aquella era la tierra natal de su pájaro, le dio por preguntarle si deseaba que le trajera algún regalo. Total, si le compraba de todo a sus amigos, ¿por qué no iba a mimar también a su pájaro predilecto?

—Quiero el regalo de la libertad, para poder volver a casa —respondió afligido el animal.

—No —replicó el hombre con tono firme—. Me has costado un ojo de la cara, así que no voy a soltarte así como así. A lo sumo, te puedo comprar un regalo y punto.

—Si no puede ser la libertad, vete entonces a la selva y cuenta a mis parientes la historia de mi triste destino.

Don Dinero tenía fama de duro y de no dar su brazo a torcer, pero escuchar esa voz lastimera le ablandó el corazón y terminó por ceder a la petición. A su llegada a la India, se adentró en la selva en busca de los parientes de su ave. Después de dejar tras de sí un largo trecho, se encontró un ave del mismo porte que la que yacía cautiva en su hogar. Supuso que tenía que ser un pariente cercano de su pájaro y dio en el clavo. Como hombre de buena cuna, en primer lugar saludó cortésmente, para a continuación pasar a contar toda la historia.

Eines Morgens packte unser wohlhabender Protagonist seine Koffer für eine Geschäftsreise nach Indien. Da er wusste, dass dies die Heimat seines Vogels war, fragte er ihn, ob er ihm etwas mitbringen solle. Schließlich kaufte er für seine Freunde alles Mögliche, warum sollte er dann nicht auch seinen Lieblingsvogel verwöhnen?

»Ich möchte das Geschenk der Freiheit, damit ich nach Hause zurückkehren kann«, antwortete der Vogel bekümmert.

»Nein«, erwiderte der Mann entschlossen. »Du hast mich ein Vermögen gekostet, also werde ich dich nicht einfach freilassen. Ich kann dir ein Geschenk kaufen, das war's.«

»Wenn du mich schon nicht freilässt, dann geh in den Dschungel und erzähle meinen Verwandten von meinem traurigen Schicksal.«

Don Dinero hatte den Ruf, hart zu sein und keinen Milimeter nachzugeben, aber die klagende Stimme erweichte sein Herz, und er willigte ein. Als er in Indien ankam, begab er sich in den Dschungel und suchte nach den Verwandten seines Vogels. Nachdem er eine lange Strecke zurückgelegt hatte, fand er einen Vogel, der genauso aussah wie der, den er zu Hause gefangen hielt. Er vermutete, dass es ein enger Verwandter seines Haustiers sein musste, und er hatte recht. Als Mann aus gutem Haus grüßte er zuerst höflich und begann dann, die ganze Geschichte zu erzählen.

Cuando hubo terminado su narración, el pájaro se desplomó en el acto y dejó de respirar. Al parecer, el animal acababa de morir de tristeza al conocer el destino de su pariente. El hombre no hizo nada por la criatura. Simplemente se quedó un rato pensativo, sin mover ni un dedo, y después, se fue como si la cosa no fuera con él.

Al regresar a casa, Don Dinero relató a su ave todo lo acontecido sin paños calientes y, nada más finalizar, vio como esta también se desplomaba mortalmente. Todo parecía indicar que el animal había muerto de pena al enterarse de que su pariente había fallecido. Don Dinero se puso como loco. Abrió la jaula entre sollozos, colocó cuidadosamente el cadáver sobre la mesa y empezó a pedir ayuda a grito pelado, mientras echaba cuentas del dinero que acaba de perder. Entonces, se le ocurrió llamar a un veterinario y se giró para buscar su teléfono. Fue en ese momento cuando el pájaro abrió los ojos y, en un visto y no visto, salió volando por la ventana.

—¿Cómo se puede ser tan ingenuo? —exclamó el ave—. Mi pariente me enseñó qué hacer, y tú me has transmitido su consejo sin saberlo. ¡Por fin soy libre!

Así fue como Don Dinero descubrió una cosa que él no podría poseer por mucho que pagara: ansias de libertad.

Als er seine Erzählung beendet hatte, brach der Vogel auf der Stelle zusammen und hörte auf zu atmen. Es schien, als sei das Tier vor Trauer über das Schicksal seines Verwandten gestorben. Der Mann tat nichts für das Tier. Er rührte keinen Finger, blieb nur eine Weile nachdenklich stehen, und ging dann, als hätte er nichts damit zu tun.

Zu Hause erzählte Don Dinero seinem Vogel ohne Umschweife alles Geschehene, doch als er fertig war, sah er, dass sein Vogel ebenfalls tot zusammenbrach. Alles schien darauf hinzudeuten, dass das Tier an dem Schmerz angesichts des Ablebens seines Verwandten gestorben war. Don Dinero war außer sich vor Verzweiflung. Er öffnete schluchzend den Käfig, legte das leblose Tier behutsam auf den Tisch und begann lautstark um Hilfe zu rufen, während er nachrechnete, wie viel Geld er gerade verloren hatte. Plötzlich kam er darauf, einen Tierarzt anzurufen, und drehte sich um, um sein Telefon zu suchen. In diesem Moment öffnete der Vogel jedoch die Augen und flog geschwind aus dem Fenster.

»Wie kann man nur so naiv sein?«, rief der Vogel. »Mein Verwandter hat mir gezeigt, was ich tun soll, und du hast mir seinen Rat unwissentlich weitergegeben. Endlich bin ich frei!«

So erfuhr Don Dinero, das er eine Sache trotz seines Reichtums nie besitzen könnte: den Wunsch nach Freiheit.

Ejercicios

1 ¿Verdadero (V) o falso (F)?
Wahr oder falsch?

1. El ave de Don Dinero no era un pájaro cualquiera, sino el ave más extraordinaria jamás vista en cautividad.
2. El desdichado animal solo ansiaba regresar a su hogar.
3. El hombre se fue a la India para hacerle un regalo a su ave.
4. Don Dinero se adentró en la selva y se desplomó.
5. El hombre no hizo nada por la criatura en la selva.
6. Don Dinero le transmitió al ave el consejo de su pariente.

2 Escoge la preposición correcta:
Wähle die richtige Präposition:

1. Si algo solo estaba **del / al** alcance **de / a** unos pocos, él era el primero **para / en** comprarlo.
2. El animal vivía en una jaula **de / a** merced de Don Dinero, que se había gastado una fortuna **en / por** su adquisición.
3. Le dio **en / por** preguntarle si deseaba algún regalo.
4. Don Dinero terminó **con / por** ceder a la petición.
5. Abrió la jaula **entre / a** sollozos y empezó a pedir ayuda **en / a** grito pelado, mientras echaba cuentas **al / del** dinero que acababa **por / de** perder.
6. **En / A** un visto y no visto, el ave salió volando por la ventana.

3 Completa las frases con las siguientes palabras:
Vervollständige die Sätze mit den angegebenen Wörtern:

predilecto / ablandó / cuna / cosa
fortuna / lastimera / sumo / mimar / ton

1. Era un hombre de inmensa _______ y gastaba sin _______ ni son.
2. ¿Por qué no iba a _______ también a su pájaro _______ ?
3. A lo _______ , te puedo comprar un regalo y punto.
4. Escuchar esa voz _______ le _______ el corazón.
5. Como hombre de buena _______ , saludó cortésmente.
6. Se fue como si la _______ no fuera con él.

4 Combina las columnas:
Verbinde die Spalten:

1. Me has costado un ojo de la →	a. dedo
2. El precio era lo de	b. calientes
3. Tenía fama de no dar su brazo a	c. cara
4. Se lo contó todo sin paños	d. menos
5. Se quedó un rato sin mover ni un	e. loco
6. Don Dinero se puso como	f. torcer

Soluciones

Ejercicio 1: 1-V, 2-V, 3-F, 4-F, 5-V, 6-V

Ejercicio 2: 1-al, de, en, 2-a, en, 3-por, 4-por, 5-entre, a, del, de, 6-En

Ejercicio 3: 1-fortuna, ton, 2-mimar, predilecto, 3-sumo, 4-lastimera, ablandó, 5-cuna, 6-cosa

Ejercicio 4: 1-c, 2-d, 3-f, 4-b, 5-a, 6-e

Notas

Notas